Ethem Atilgan

Customizing der Kostenrechnung mit SAP R/3 für das Con

I0013737

Ethem Atilgan

Customizing der Kostenrechnung mit SAP R/3 für das Controlling

GRIN Verlag

Bibliografische Information der Deutschen Nationalbibliothek: Die Deutsche Bibliothek
verzeichnet diese Publikation in der Deutschen Nationalbibliografie; detaillierte bibliografische Daten sind im Internet über http://dnb.d-nb.de/ abrufbar.

1. Auflage 2002
Copyright © 2002 GRIN Verlag
http://www.grin.com/
Druck und Bindung: Books on Demand GmbH, Norderstedt Germany
ISBN 978-3-638-71721-2

Hamburger Universität für Wirtschaft und Politik

Diplomarbeit
zum Thema:

Customizing der Kostenrechnung mit SAP® R/3® für das Controlling

von:
Ethem Atilgan

Abgabedatum:
08.08.2002

Inhaltsverzeichnis

Abbildungsverzeichnis:

1.0 Einleitung

Informationen gewinnen in Unternehmen heutzutage eine immer größer werdende Bedeutung, da die Globalisierung und kürzer werdende Entwicklungszyklen die Wirtschaft verändern und die Unternehmen zwingen, schneller auf Veränderungen des Marktes zu reagieren.

Die Aufgabe der Versorgung des Unternehmens bzw. der Führungsebene des Unternehmens mit Informationen fällt dabei vor allem dem Controlling zu. Weitere wichtige Aufgaben, neben den Aufgaben der Planung, Kontrolle und Steuerung ist die Aufgabe der Informationsaufbereitung bzw. –versorgung. Um dieser Aufgabe gerecht werden zu können, ist der Einsatz eines EDV-gestützten Controllings praktisch unentbehrlich. Die SAP AG bietet mit dem Modul „Controlling" (CO) ein umfangreiches Instrument zur Unterstützung des Controllings eines Unternehmens an. Es kann bei Bedarf noch um das Modul „Unternehmenscontrolling" (EC) ergänzt werden. Neben diesen beiden Modulen unterstützen die Informationssysteme anderer R/3-Module den Controller.

Gegenstand dieser Arbeit soll das Modul Controlling mit seinen Möglichkeiten des Customizing im Bereich der Kostenrechnung sein. Es soll vor allem untersucht werden ob das SAP R/3 System, mit seinem Controlling Modul, die Anforderungen der heutigen Zeit gewachsen ist. Die Arbeit soll dabei controllingunerfahrenen Lesern einen Einblick in das Modul CO gewähren. Zu diesem Zweck werden die Grundlagen der Kostenrechnung eingehend behandelt, um das Verständnis der übrigen Teile zu erleichtern und begriffliche Unterschiede zwischen der in der betriebswirtschaftlichen Literatur verwendeten und der SAP- eigenen Begrifflichkeit aufzuzeigen. Ferner werden dem Leser die Bedeutung des Customizing im CO-Modul dargestellt, welches die Unternehmensspezifika berücksichtigt und über einen längeren Zeitraum Gültigkeit hat.

Des weiteren sollen die R/3-Organisationseinheiten, die für das R/3-Controlling von Belang sind, kurz beschrieben und in Beziehung zueinander gesetzt werden. Nötig ist dies, da das R/3-System ein integriertes System darstellt, welches in einer klar definierten Struktur zueinander aufgebaut ist. Jedes R/3-Modul steht in Interaktion mit allen anderen Modulen, so auch das Modul CO.

Da in dieser Verflechtung der große Unterschied zu anderen Management-informationssystemen zu sehen ist, soll die Integration des Moduls CO im Rahmen der Arbeit ausführlich behandelt werden.

Abschließend soll in einem anwendungsorientierten Teil der praktische Einsatz des R/3-Controllings dargestellt werden. Als Beispiel soll hier das Customizing der Kostenstellenrechnung als zentrales Instrument in der Kostenplanung im Modul Controlling dienen, um einen Einblick über die Funktionsvielfalt und den großen Umfang des Moduls zu gewinnen.

2.0 Das Produkt SAP R/3

SAP R/3 ist eine Software mit den integrierten Komponenten: Produktion, Vertrieb, Controlling, Logistik und Personalwirtschaft, die als Ganzes oder stufenweise eingesetzt werden können.

Das „R" steht dabei für „Realtime". Die Bedeutung beruht darauf, dass die Anwender auf erfasste oder veränderte Daten an unterschiedlichen Stellen der Prozesskette zeitgleich zugreifen können. Die „3" steht für die 3. Version der Software. Die Standardsoftware deckt nahezu alle betriebswirtschaftlichen Aufgaben eines Unternehmens EDV- technisch ab. Bei veränderten Rahmenbedingungen, z.B. technologische Weiterentwicklung, Jahressteuergesetze, EURO, etc., wird die Standardsoftware vom Hersteller angepasst,

wodurch dem Kunden eigene, individuelle Aktualisierungen erspart werden. Die Software wird mittlerweile in 28 Sprachen (inkl. Japanisch) und in 19 Branchenlösungen angeboten.[1]

2.1 Komponenten des Controlling-Moduls (CO)

Das Modul „Controlling" für das System SAP R/3 ist in folgende vier Komponenten unterteilt:

- Gemeinkosten-Controlling (CO-OM)
- Produktkosten-Controlling (CO-PC)
- Ergebnis- und Marktsegmentrechnung (CO-PA)
- Profit-Center Rechnung (EC-PCA)

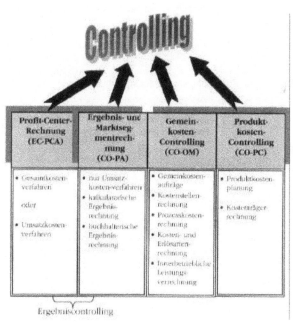

Abbildung 1: Komponenten des Controlling-Moduls[2]

2.1.1 Gemeinkosten Controlling

Gemeinkosten sind Kosten, die nicht direkt den Kostenträgern zugeordnet werden. Die Aufgabe des Gemeinkosten-Controlling beinhaltet die Planung, Verrechnung, Steuerung und Überwachung der Gemeinkosten. Demzufolge können wir sagen, dass hier die Frage nach der Kostenverursachung und dem betrieblichen Ort der Kostenentstehung beantwortet wird.

Durch die Planung des Gemeinkostenbereichs lassen sich Standards festlegen, die eine Kontrolle der Kosten und eine Bewertung der innerbetrieblichen Leistungen ermöglichen.

---

[1] CDI (Hrsg.), SAP R/3 Controlling, Markt & Technik Buch- und Software-Verlag, München 1996, S. 14-15
[2] Paul Wenzel, Rechnungswesen mit SAP R/3, Wiesbaden 2001, S. 152

Sämtliche Gemeinkosten werden den Kostenstellen, auf denen sie angefallen sind, oder den Maßnahmen, die zu ihrer Entstehung führten, zugeordnet. Zur weiteren Verrechnung steht im R/3 System ein umfangreiches Instrumentarium zur Verfügung. Mit dessen Hilfe können die Gemeinkosten verursachungsgerecht verrechnet werden. Die unechten Gemeinkosten können mit geringem Aufwand den Kostenträgern zugeordnet und so in Einzelkosten verwandelt werden.

Am Ende der Buchungsperiode, nachdem alle Verrechnungen erfolgt sind, werden die Plankosten den entsprechenden Istkosten gegenübergestellt. Die festgestellten Abweichungen können dann bezüglich ihrer Ursachen analysiert werden und sind dann Gegenstand weiterführender Steuerungsmaßnahmen innerhalb des Controlling.[3]

Da das Gemeinkosten-Controlling naturgemäß die größte Verbreitung hat und große Teile davon als Grundlage für die anderen Komponenten dienen, wird im Kapitel 6.0 dieser Arbeit die konkrete Anwendung des R/3-Controllings, anhand der Kostenplanung des Gemeinkosten-Controllings dargestellt.

2.1.2 Produktkosten-Controlling

Die Aufgabe des Produktkosten-Controllings ist die Ermittlung der Kosten, die bei der Herstellung eines Produkts oder der Erbringung einer Leistung anfallen.

Aus dem Produktkosten-Controlling erhalten wir die Basisinformationen für die Unterstützung folgender Funktionen:

• Kostenplanung

• Profit-Center-Rechnung

• Preisbildung und Ermittlung der Preisuntergrenze

• Ergebnisrechnung

• Bestandsbewertung

• Planungsrechnungen

Es kann in den Bereichen Prozessfertigung, Serienfertigung, Werkstattfertigung und Kundenauftragsfertigung ebenso eingesetzt werden, wie bei der Erstellung immaterieller Güter und Leistungen.[4]

Die Produktkosten-Controlling besteht aus der Kostenträgerrechnung[5] und der Produktkostenplanung.

2.1.3 Ergebnis- und Marktsegmentrechnung

Mit Hilfe der Ergebnis- und Marktsegmentrechnung können frei definierbare Marktsegmente, hinsichtlich ihres Ergebnisbeitrages erforscht werden.

Marktsegmente werden dabei nach Produkten, Kunden, Aufträgen oder Unternehmenseinheiten wie Verkaufsorganisationen und Geschäftsbereichen differenziert.

Wenn die erlösbezogenen Kosten von den jeweiligen Erlösen subtrahiert werden, lassen sich mit Hilfe dieser SAP-R/3-Komponente Deckungsbeiträge der gewählten Marktsegmente ermitteln.

---

[3] CDI (Hrsg.),SAP R/3 Controlling, Markt- und Technik, München 96, S. 74ff.
[4] SAP AG, http://help.sap.com, Glossar, Release 4.6C
[5] Vgl. Kapitel 3.2.3 „Kostenträgerrechnung"

Die Grundlage für die Entscheidungen in den Bereichen:

- Preisfindung
- Konditionierung
- Absatzwegewahl
- Kundenselektion
- Mengensteuerung
- Marketing

bilden die Ergebnis – und Deckungsbeitragsinformationen.

Die Auswertungen erfolgen auf der Basis des Umsatzkostenverfahrens. Hier werden die erlösbezogenen Kosten von den jeweiligen Erlösen abgezogen, um die jeweiligen Deckungsbeiträge zu ermitteln.

Die Ermittlung des Ergebnisses nach dem Umsatzkostenverfahren wird wie folgt charakterisiert:

- Den Periodenerlösen der einzelnen Produkte werden die Selbstkosten dieser Produkte gegenübergestellt.
- Bestandsveränderungen werden nicht berücksichtigt.
- Produktbezogene Erfolgsermittlung ist möglich.
- In Realtime, d.h. schon bei der Fakturierung, ist die Auswirkung auf das Ergebnis bekannt, wenn mit einer Standardkalkulation bewertet wird. Nur bei Umsätzen kann ein Ergebnisbericht erstellt werden.[6]

2.1.4 Profit-Center-Rechnung

Die Profit-Center-Rechnung bildet die Schnittstelle zwischen dem operativen Controlling auf der einen und dem Unternehmens-Controlling auf der anderen Seite. Sie ist daher in beiden Controlling-Arten anzutreffen. Ein Profit-Center ist ein ergebnisverantwortlicher Teilbereich eines Unternehmens. Ziel des Profit-Center ist es, Teilbereiche eines Unternehmens zu analysieren und wie selbständig am Markt operierende Einheiten erscheinen zu lassen. Primäres Ziel einer Profit-Center-Rechnung ist somit die Ergebnisermittlung.

Die Hauptvorteile, die durch die Einführung von Profit-Centern entstehen, sind:

- leistungsbezogenere Entlohnung
- höheres Kostenbewusstsein
- bessere Informationen für Führungskräfte
- Aufdecken von Schwachstellen im Unternehmen
- verstärktes Gewinnstreben
- Betrachtung aller Kosten

Voraussetzung für die Einrichtung eines Profit-Centers ist, dass das Unternehmen über ein funktionierendes Berichtsystem verfügt, sowie über eine Ergebnisrechnung, welche

---

[6] CDI (Hrg.), SAP R/3 Controlling, 1996, S.75 ff.

Umsätze und Kosten verursachungsgemäß zuordnen kann. Es müssen zusätzlich alle Vorgänge mit dem EDV-System erfasst werden und die Rechner miteinander vernetzt sein.[7]

2.2 Die Integration des CO Moduls im System R/3

Das CO Modul hat unterschiedliche Verbindungen zu anderen Modulen des R/3-Systems. Es benötigt für die Auswertung der Kostenrechnung entsprechende Daten aus den betroffenen Modulen. Die entsprechenden Daten werden automatisch von den betroffenen Modulen an das Controlling weitergegeben.

Im folgenden sollen einige Beispiele hierfür dargestellt werden:

Das Modul Materialwirtschaft (MM)

Von dem MM Modul werden z.B. die Materialbestandsänderungen, die sich durch den Materialverbrauch oder durch Wareneingänge ergeben, an das CO Modul übertragen. Sie stellen im Controlling Istmengen dar.[8]

Abbildung 2: Materialbestandsänderungen[9]

Das Modul Personaladministration und –abrechnung (PA)

Aus dem PA Modul werden z.B. die Reisekosten und Personalbeschaffungskosten an das CO Modul übertragen. Mit der Kosten- und Leistungsrechnung erfolgt dann dort eine genauere Verrechnung auf die einzelnen Controllingobjekte wie Kostenstellen oder Profit-Center.[10]

Abbildung 3: Personalbeschaffungskosten und Reisekosten[11]

---

[7] SAP AG, http://help.sap.com, Glossar, Release 4.6C
[8] CDI (Hrg.), SAP R/3-Einführung, München 1996, S. 202.
[9] Eigene Erstellung
[10] CDI (Hrg.), SAP R/3-Einführung, München 1996, S. 230.
[11] Eigene Erstellung

8

Die stärkste Verbindung zu einer anderen R/3-Komponente, weist das CO Modul jedoch zu dem FI Modul Finanzwesen auf. Beide Module sind Komponenten des betrieblichen Rechnungswesens.

Des weiteren werden, wie schon beschrieben, mit Hilfe von Schnittstellen Verbindungen zu SAP R/3-externen Systemen und Anwendungen hergestellt.

3.0 Theoretische Grundlagen der Kostenrechnung

Um den Einstieg in das R/3-Controlling zu erleichtern, werden in diesem Abschnitt die Grundbegriffe der Kostenrechnung definiert und voneinander abgegrenzt.

3. 1 Kostenbegriffe

Im Sinne der am meisten verbreiteten Kostenbegriffe stellen Kosten, bewerteten, leistungsbezogenen Güterverbrauch dar, d.h. den Wert des Verzehrs an Gütern in Form von Sach- und Dienstleistungen innerhalb eines bestimmten Zeitraums. Die Wertkomponente bleibt weitestgehend unbestimmt. Als Wertansätze können zu Planungszwecken Planpreise, zu Dokumentationszwecken Istpreise verwendet werden.

3.1.1 Aufwendungen und Kosten

Aufwendungen sind der Werteverzehr von Dienstleistungen, Gütern innerhalb einer bestimmten Rechnungsperiode. Aufwendungen können unterschiedliche Ursachen haben. Dementsprechend unterscheidet man:

Die Betriebsbezogene Aufwendungen entstehen im Rahmen der Leistungserstellung und Leistungsauswertung und werden als Kosten in die Kosten- und Leistungsrechnung übernommen (z. B. verarbeitete Rohstoffe).

Die Neutrale Aufwendungen dienen grundsätzlich nicht der Realisierung des Betriebszwecks und werden deshalb nicht in die Kosten- und Leistungsrechnung übernommen (z. B. Spenden, Verkauf einer Maschine unter Buchwert).

Als *Kosten* bezeichnet man den Teil des Aufwands, der für die betriebliche Leistungserstellung und Leistungsauswertung anfällt. Kosten weisen drei wesentliche Kriterien auf:[12]

- Es muss ein mengenmäßiger Güter- und Leistungsverbrauch vorliegen.

- Der Güter- und Leistungsverbrauch muss leistungsbezogen sein.

- Es muss eine Bewertung der leistungsbezogenen Verbrauchsmengen erfolgen.

Kosten können in folgende Gesichtspunkte gegliedert werden. Grundsätzlich unterscheiden wir:

• Einzel- und Gemeinkosten

• Fixe und variable Kosten

• Primäre und sekundäre Kosten

Einzel- und Gemeinkosten unterscheiden sich bezüglich ihrer unterschiedlichen Verrechnung auf die Kostenträger (Erzeugnisse, Aufträge). [13]

Einzelkosten lassen sich direkt den einzelnen Kostenträgern zurechnen, da sie unmittelbar durch eine Kostenträgereinheit verursacht werden. In der Kostenrechnung werden die Einzelkosten unmittelbar auf die Kostenträger verrechnet (z. B. Fertigungsmaterialkosten).

---

[12] Haberstock, Kostenrechnung 1, 1998, S. 27 ff
[13] Ebenda

Gemeinkosten lassen sich nicht einzelnen Kostenträgern zurechnen, da sie von mehreren Kostenträgern gemeinsam verursacht werden. Gemeinkosten werden in der Kostenrechnung mit Hilfe geeigneter Bezugsgrößen (Verteilungsschlüssel) auf die Kostenträger verrechnet (z.B. Energiekosten der Kantine).[14]

Fixe und variable Kosten werden hinsichtlich ihrer Reaktion auf Beschäftigungsabweichungen unterschieden.

Fixe Kosten verhalten sich bei Veränderungen des Beschäftigungsgrades neutral, das heißt, sie bleiben in ihrer Höhe konstant.

Variable Kosten dagegen sind Kosten, die sich bei Beschäftigungsschwankungen unmittelbar in ihrer Höhe ändern. Variable Kosten können sowohl Einzelkosten (z.B. Materialkosten), als auch Gemeinkosten sein (z. B. Heizkosten für eine Fertigungshalle).[15]

Bei den primären und sekundären Kosten wird hinsichtlich der Herkunft der Einsatzfaktoren, die den Kosten zugrunde liegen, unterschieden.

Primäre Kosten stellen den bewerteten Verbrauch von Einsatzfaktoren dar, welche das Unternehmen von außen, d.h. aus den Beschaffungsmärkten, bezogen hat (z.B. Lohnkosten, Materialkosten).

Sekundäre Kosten sind das geldmäßige Äquivalent des Verbrauchs an innerbetrieblichen Leistungen. Sie entstehen bei der Erstellung der innerbetrieblichen Leistungen wie z.B. Kosten für selbsterstellten Strom oder Kantinendienst für die Mitarbeiter.[16]

3.1.2 Erträge und Leistungen

Erträge sind der gesamte Wertzuwachs durch verbrauchten Güter und Dienstleistungen pro Periode und zwar für die Erstellung der eigentlichen betrieblichen Leistungen. Sie lassen sich unterscheiden in:

Betriebsbezogene Erträge sind das Ergebnis der betrieblichen Leistungserstellung und -verwertung. Sie werden als Leistungen den Kosten in der Kosten- und Leistungsrechnung gegenübergestellt (z. B. Verkauf von Fertigerzeugnissen).

Neutrale Erträge resultieren grundsätzlich nicht aus der Erstellung und Verwertung der Güter und Dienstleistungen (z. B. Gewinne aus Wertpapieren).

Leistungen charakterisieren das Ergebnis der betrieblichen Tätigkeit, nämlich die erstellten Güter und Dienstleistungen. Diese entstehen, wenn ein Produkt oder eine Dienstleistung für einen bestimmten Preis abgesetzt wird.[17]

Hier ist jedoch auf eine SAP-R/3 Besonderheit bezüglich der Bergriffe hinzuweisen. Entgegen der gängigen Praxis benutzt die SAP AG nicht den Begriff Leistungen in der R/3-Kosten- und Leistungsrechnung. Entsprechend der oben genannten Definition, stellt das Unternehmen den Kosten die Erlöse gegenüber.

Darüber hinaus bedient sich das R/3-System des Begriffs Leistungsart. Im R/3-Controlling wird damit die erbrachte Leistung einer Kostenstelle, in Mengen- oder Zeiteinheiten gemessen (z.B. Anzahl der Fertigungsstunden). Es handelt sich hierbei um den mengenmäßigen, nicht wertmäßigen Output einer Kostenstelle.[18]

---

[14] Olfert, K, Kostenrechnung, 1994, S. 52 ff.
[15] Haberstock, Kostenrechung 1, 1998, S. 58 ff.
[16] Ebenda
[17] Ebenda
[18] CDI (Hrsg.), SAP R/3-Controlling, 1996, S. 67.

3.2 Teilbereiche der Kostenrechnung

Die Kosten- und Leistungsrechnung ist ein Hauptbestandteil des Moduls CO. Sie wird in drei Teilbereiche unterteilt:

- Kostenartenrechnung

- Kostenstellenrechnung

- Kostenträgerrechnung

In der Kostenartenrechnung werden zunächst sämtliche Kosten erfasst und nach Kostenarten gegliedert. Dabei erfolgt u.a. eine Untergliederung nach Kosten, die den Kostenträgern unmittelbar zugerechnet werden können, man spricht in diesem Falle von Einzelkosten und nach Kosten, bei denen diese unmittelbare Zurechnung nicht möglich ist, sprich Gemeinkosten. Diese Gemeinkosten werden in der Kostenstellenrechnung den Kostenstellen verursachungsgerecht zugeordnet. Die Beanspruchung der einzelnen Kostenstellen durch die Kostenträger ist dann Maßstab für die Zuordnung der Gemeinkosten auf die Kostenträger. Dies geschieht in der Kostenträgerrechnung, in der auch die Einzelkosten aus der Kostenartenrechnung den Kostenträgern direkt zugeordnet werden.[19]

Der Zusammenhang wird in der folgenden Abbildung graphisch dargestellt.

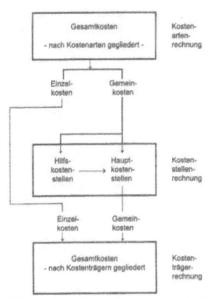

Abbildung 4: Verrechnung der Kosten von der Kostenarten- über die Kostenstellen- in die Kostenträgerrechnung

Quelle: Lothar Haberstock, Kostenrechnung 1 Einführung, ES Verlag, Berlin 1998, Seite 54

Generell werden mit Hilfe dieser Teilbereiche folgende Aufgaben erfüllt:

- Erfassung der Kosten und Leistungen der betrieblichen Leistungserstellung.

- Kontrolle der Wirtschaftlichkeit des Produktionsprozesses.

---

[19] Haberstock, Kostenrechnung 1 Einführung, Berlin 1998, Seite 53f.

• Bereitstellung von Informationen zur Unterstützung von Entscheidungen hinsichtlich

Produktion, Finanzierung und Vertrieb.

Im R/3-Controlling sind die Kostenartenrechnung, sowie die Kostenstellenrechnung Teil des Gemeinkosten-Controllings. Die Kostenträgerrechnung hingegen ist ein Bestandteil des Produktkosten-Controllings.

3.2.1 Kostenartenrechnung

Die Kostenartenrechnung bildet die erste Stufe der betrieblichen Kostenrechnung. Ihre Aufgabe liegt in der gegliederten Erfassung aller in einer Abrechnungsperiode angefallenen Kosten nach der Art der verbrauchten Einsatzfaktoren. Die zentrale Fragestellung der Kostenartenrechnung lautet dabei; Welche Kosten sind insgesamt in welcher Höhe angefallen?[20]

Die Kostenartenrechnung hat somit folgende Aufgaben:

• Vollständigkeit, Genauigkeit und die Aktualität bestimmen die Verwendbarkeit der

Kosteninformationen

• Eine Kostenorientierte Planung und Kontrolle zu ermöglichen

• Ein Informationsbasis für Entscheidungszwecke bereitzustellen

3.2.2 Kostenstellenrechnung

Die Kostenstellenrechnung bildet die zweite Stufe der Kosten- und Leistungsrechnung. In der Kostenstellenrechnung werden die in der Kostenartenrechnung erfassten Kosten auf die betrieblichen Funktionsbereiche (Kostenstellen) verteilt. Dies gilt insbesondere, für die Gemeinkosten die nicht unmittelbar einzelnen Produktionseinheiten (Kostenträgern) zugeordnet werden können. Die Aufgaben der Kostenstellenrechung können wie folgt charakterisiert werden:

• Erfassung der primären Gemeinkosten auf die Kostenstellen

• Durchführung der innerbetrieblichen Leistungsverrechnung

• Ermittlung von Kalkulationssätzen zur Weiterverrechnung der Gemeinkosten

• Gewinnung von Informationen über die Wirtschaftlichkeit des Produktionsvollzugs

zum Zwecke der Kostenkontrolle[21]

Kostenstellen sind die Orte der Kostenentstehung und damit die Orte der Kostenzurechnung. Man bezeichnet die Kostenstellen auch als Kontierungseinheiten, die nicht immer mit der räumlichen, organisatorischen oder funktionellen Gliederung des Betriebes übereinzustimmen brauchen.[22]

Die Kostenstelle muss ein selbständiger Verantwortungsbereich[23] sein, um eine wirksame Kostenkontrolle zu gewährleisten. Sie soll möglichst auch eine räumliche Einheit sein, um Kompetenzüberschneidungen zu vermeiden.

---

[20] L. Haberstock, Kostenrechnung 1, 1998, S.55f.
[21] L. Haberstock, Kostenrechnung 1, 1998, Seite 104
[22] W. Kilger, Einführung in die Kostenrechnung, 3. Auflage, Wiesbaden 1987, Seite 154-264
[23] Klaus Dellmann, Kosten- und Leistungsrechnung Band 2., München 1993, Seite 351ff.

3.2.3 Kostenträgerrechnung

Die Kostenträgerrechnung stellt die dritte Stufe der Kosten- und Leistungsrechnung dar. Mit der Kostenträgerrechnung soll also herausgefunden werden, wofür jeweils die Kosten angefallen sind. Ihre Hauptaufgabe besteht in der Ermittlung der Herstell- und Selbstkosten der Kostenträger (z.B. Produkte). Dazu übernimmt die Kostenträgerrechnung die Einzelkosten aus der Kostenartenrechnung und die Gemeinkosten aus der Kostenstellenrechnung und rechnet sie den Kostenträgern möglichst verursachungsgerecht zu.[24]

Die Aufgaben der Kostenträgerrechnung können wie folgt charakterisiert werden:

Kostenträger sind die betrieblichen Leistungen, die den Güter- und Leistungsverzehr bewirkt haben und denen die Kosten zugerechnet werden. Kostenträger können Absatzleistungen und innerbetriebliche Leistungen sein. [25]

Die Aufgaben der Kostenträgerrechnung bestehen nun darin, die Herstell- und Selbstkosten der Kostenträger zu ermitteln, um:

• Die Bewertung der Bestände an Halb- und Fertigfabrikaten sowie selbsterstellten

  Anlagen in der Handels- und Steuerbilanz zu ermöglichen.

• Die Durchführung der kurzfristigen Erfolgsrechung nach dem Gesamt- oder

  Umsatzkostenverfahren zu gewährleisten.

• Unterlagen für preispolitische Entscheidung zu erhalten.

• Ausgangsdaten für Problemstellungen innerhalb der Planungsaufgaben zu

  gewinnen.

• Verrechnungspreise für Leistungsbeziehungen zu nahestehenden Personen zu

  erhalten.

3.3 Kostenrechnungssysteme

In diesem Abschnitt sollen die Kostenrechnungssysteme im CO Modul dargestellt werden.

Kostenrechnungssysteme sind Systeme, die die Kosten nach vorgegebenen, an den Aufgaben der Kostenrechnung ausgerichteten Regeln erfassen, speichern und auswerten.[26]

Die Entscheidung für ein Kostenrechnungssystem, ist gleichzeitig die Festlegung des Unternehmens. Dabei geht es darum, welche Controlling Informationen wie ermittelt werden sollen. Die Wahl für ein Kostenrechnungssystem ergibt sich in den meisten Fällen durch die historische Entwicklung des Controllings im Unternehmen selbst.

Die Implementierung der Kostenrechnungssysteme in das SAP R/3-System, erfolgt in der Customizing Phase. Die von der SAP im CO Modul zur Verfügung gestellten Funktionen werden wie ein Baukasten kombiniert, damit die vom Unternehmen gewünschte Kostenrechnung abgebildet wird. In dieser Phase werden auch die nötigen Verbindungen zu anderen Modulen hergestellt, um die für die unterschiedlichen Kostenrechnungssysteme benötigten Daten zu erhalten.

---

[24] Olfert K, Kostenrechnung, 1994, S. 73.
[25] W. Kilger, Betriebliches Rechnungswesen, Wiesbaden 1987, S.882ff.
[26] Haberstock, Kostenrechnung 1 Einführung, Berlin 1998, S.171

3.3.1 Istkostenrechnung

In einer Istkostenrechnung werden von der Kostenarten- über die Kostenstellen- bis zur Kostenträgerrechnung die tatsächlich angefallenen Kosten der Periode verrechnet.

Die Istkosten ergeben sich aus den mit Ist-Preisen bewerteten, Ist-Verbrauchsmengen und stellen die effektiven Kosten einer Periode dar.

Die Aussagekraft der Istkostenrechnung wird jedoch durch zufällige Schwankungen in den Preisen und Mengen, welche sich voll auf die Ergebnisse der Rechnungen auswirken, beeinträchtigt. Zudem ist eine wirksame Kostenkontrolle aufgrund fehlender Vergleichsmaßstäbe nicht möglich.[27]

3.3.2 Normalkostenrechnung

Die Normalkostenrechnung ist wie die Istkostenrechnung ebenfalls vergangenheitsorientiert. Sie ermittelt die Normalkosten, indem ein Durchschnitt aus den Istkosten vergangener Perioden gebildet wird. Durch dieses Verfahren werden die Schwankungen in den Kosten geglättet. Durch eine Gegenüberstellung der Normalkosten mit den Istkosten einer Periode sind erste Ansätze einer Kostenkontrolle möglich.[28]

3.3.3 Plankostenrechnung

Starre Plankostenrechnung

Die starre Plankostenrechnung ist zukunftsorientiert. Sie arbeitet mit Plankosten, die aufgrund von Erfahrungen der Vergangenheit und unter Berücksichtigung der zukünftigen inner- und außerbetrieblichen Verhältnisse ermittelt werden.

Bei der starren Plankostenrechnung werden die Kosten der Kostenstellen auf der Basis einer festgelegten Beschäftigung geplant, folglich versagt bei Schwankungen des Beschäftigungsgrades die starre Plankostenrechnung.

Die Leistungsverrechnung erfolgt in diesem System mit Hilfe eines Gesamttarifes. Eine Unterteilung in fixe und variable Kosten findet nicht statt. Durch die Gegenüberstellung von Plankosten und Istkosten werden Abweichungen ermittelt, die aber hinsichtlich der Kostenkontrolle keinen genauen Aussagewert haben, da nicht nachvollziehbar ist, ob die Kostendifferenz nun auf zu hohe Einsatzmengen oder auf einen zu hohen Preis für die Einsatzmengen zurückzuführen ist.[29]

Flexible Plankostenrechnung

Die flexible Plankostenrechnung ist ebenfalls zukunftsorientiert. Sie stellt eine Weiterentwicklung der starren Plankostenrechnung dar, da bei ihr die Plankosten an die Veränderungen der Beschäftigung angepasst werden.

Voraussetzung für diese Anpassung ist eine Aufspaltung der Kosten in fixe und variable Bestandteile. Aufgrund dieser Aufspaltung ist es dann möglich, die Kostenabweichung nach einzelnen Abweichungskategorien zu unterscheiden:

Die Preisabweichung ergibt sich aufgrund einer Differenz der Faktorpreise.

Die Verbrauchsabweichung ergibt sich aufgrund unterschiedlicher Verbrauchsmengen.

---

[27] Haberstock, Kostenrechnung 1 Einführung, Berlin 1998, S. 172 ff.
[28] CDI (Hrg.), SAP R/3-Controlling, 1996, S. 71
[29] Lebefromm, Controlling, 1997, S. 53 ff.

Strukturabweichung (SAP-spezifisch) ergibt sich durch den Einsatz anderer Produktionsfaktoren als ursprünglich geplant.

Beschäftigungsabweichung; Ursache ist immer eine zur Planleistung abweichende Ist-Leistung.

Verrechnungspreisabweichung (SAP-spezifisch); sie ergibt sich aus einem manuell gesetzten Tarif und einem Tarif, der als Basis der Istkosten eigentlich hätte angesetzt werden müssen.[30]

Grenzplankostenrechnung

Die Grenzplankostenrechnung ist ebenfalls zukunftsorientiert. Entgegen der starren und flexiblen Plankostenrechnung, welche Systeme der Vollkostenrechnung sind, ist sie jedoch ein System auf Basis von Teilkosten.[31]

Grenzkosten sind dabei die mit Leistungsmengenänderungen zusätzlich entstehenden oder sich reduzierenden Kosten. Als Weiterentwicklung der flexiblen Plankostenrechnung werden hier nur die beschäftigungsabhängigen, variablen Kosten zur Unternehmenssteuerung in Betracht gezogen. Der Grund liegt in der Auffassung, dass nur die mit der Leistungserstellung direkt verbundenen Kosten in die Kostenbetrachtung einfließen sollen, um eine genauere Steuerung der leistungsbezogenen Kosten vornehmen zu können.

Durch diese Eliminierung der Fixkosten aus dem Soll-Ist-Vergleich gibt es keine Beschäftigungsabweichungen mehr, und es entfällt das Problem der Bestimmung einer Planbeschäftigung.[32]

3.3.4 Prozesskostenrechnung

Die Grundidee der Prozesskostenrechnung ist, auch im Gemeinkostenbereich erbrachte Leistungen als Basis für die Zuordnung von Kosten zu Produkten zu verwenden.[33]

Zielsetzung der Prozesskostenrechnung ist es eine Methodik zu entwickeln, um Gemeinkosten zu planen, zu steuern, verursachungsgerechter in die Kalkulation zu übernehmen und strategische Impulse zu geben. Dabei geht die Prozesskostenrechnung im Prinzip zweistufig vor: Sie erfasst zunächst die Kosten der Produktionsfaktoren und verrechnet diese auf Tätigkeiten, die die Produktionsfaktoren verbrauchen. In einem zweiten Schritt verrechnet sie die Kosten der Tätigkeiten auf die Kostenträger.[34]

Die Prozesskostenrechnung ermöglicht es, den Ressourcen, die außerhalb der Produktion von Geschäftsprozessen in Anspruch genommen werden und dafür entstandenen Kosten, den einzelnen Prozessen zuzuordnen. So werden beispielsweise in einer Verwaltungskostenstelle „Auftragsabwicklung" mehrere Leistungsarten wie beispielsweise „Auftrag annehmen" oder „Auftrag anlegen" definiert, um auch in den fertigungsfernen Prozessen der Verwaltung eine Kosten- und Leistungsbeurteilung zu ermöglichen.

Durch das „Business- Process- Reengineering", welches der Einführung des R/3-Systems oftmals vorausgeht, kann die Prozesskostenrechnung relativ einfach abgebildet werden. Die nötigen Definitionen der Geschäftsprozesse sind größtenteils schon vorhanden.

---

[30] Lebefromm, Controlling, 1997, S. 53 ff.

[31] Haberstock, Kostenrechnung 1 Einführung, Berlin 1998, S.179

[32] Olfert K., Kostenrechnung, 1994, S. 352 ff.

[33] Jürgen Weber, Einführung in das Controlling, Stuttgart 1999, S. 196

[34] Haberstock, Kostenrechnung 1 Einführung, 1998, S.182 ff.

4.0 Customizing der Organisationsstruktur

Im R/3-System wird die Kosten- und Leistungsrechnung vollständig in einem Kostenrechnungskreis durchgeführt. Wie dieser mit anderen Organisationseinheiten in Verbindung steht, soll in diesem Abschnitt dargestellt werden. Zum besseren Verständnis werden die einzelnen Organisationseinheiten jeweils kurz definiert.

Der Mandant

Die höchste Hierarchieebene im R/3-System ist der Mandant. In der Regel ist die Mandantenebene die Ebene des Konzerns oder des Einzelunternehmens.[35]

Der Buchungskreis

Mindestens ein Buchungskreis wird für jeden Mandanten eingerichtet. Ein Buchungskreis ist im R/3-System als rechtlich selbständig zu bilanzierende Einheit definiert (z. B. Firma). Werden mehrere Buchungskreise für einen Mandanten eingerichtet, so stellt dieser Mandant einen Konzern und die einzelnen Buchungskreise die Konzernunternehmen dar.[36]

Das Werk

Das Werk ist eine organisatorische Einheit innerhalb eines Unternehmens, in der Materialien produziert bzw. Waren und Dienstleistungen bereitgestellt werden. Es wird einem Buchungskreis, und über diesen indirekt auch einem Kostenrechnungskreis zugeordnet.[37]

Der Geschäftsbereich

Der Geschäftsbereich wird völlig unabhängig von allen anderen Organisationseinheiten definiert. Er dient in erster Linie der über Buchungskreise hinausgehenden, unternehmensexternen „Segmentberichterstattung" über Tätigkeitsfelder (Produktlinie, Niederlassungen) des Unternehmens. Einem Geschäftsbereich können mehrere Kostenrechnungskreise zugeordnet werden.[38]

Der Kostenrechnungskreis

In einem Kostenrechnungskreis wird die in sich geschlossene Kostenrechnung durchgeführt.

Dabei werden in einem Kostenrechnungskreis die innerbetrieblichen Geschäftsvorfälle abgebildet, wobei die primären Kosten aus dem externen Rechnungswesen übernommen und nach innerbetrieblichen Gesichtspunkten gegliedert werden. Sofern die primären Kosten Einzelkostencharakter haben, werden Sie auf Kostenträger gebucht. Handelt es sich jedoch um primäre Kosten mit Gemeinkostencharakter, werden diese auf Kostenstellen gebucht und über interne Verrechnungstechniken verursachungsgerecht weiterverrechnet.

Um eine Datenübernahme aus der Buchhaltung zu ermöglichen, muss jeder Kostenrechnungskreis mindestens einem Buchungskreis zugeordnet werden.[39]

In der folgenden Abbildung wird eine Organisationsstruktur unter Berücksichtigung der unterschiedlichen Einbindung des Controllings in das Unternehmen dargestellt:

---

[35] SAP AG, http://help.sap.com, Glossar, Release 4.6C
[36] Ebenda
[37] Ebenda
[38] Ebenda
[39] SAP AG, http://help.sap.com, Glossar, Release 4.6C

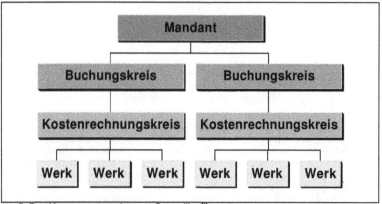

Abbildung 5: Das Konzernunternehmens-Controlling[40]

Der Ergebnisbereich

Der Ergebnisbereich wird als organisatorische Einheit des Controllings eingerichtet und stellt die oberste Berichtsebene für das Vertriebs- und Ergebniscontrolling dar. In einem Ergebnisbereich wird eine Segmentierung des Absatzmarktes nach bestimmten Merkmalen, wie Artikelgruppe, Kundengruppe, Land oder Vertriebsweg vorgenommen. Dabei wird für die einzelnen Segmente durch Gegenüberstellung von Kosten und Erlösen, ein Ergebnis ausgewiesen. Die Segmente werden deshalb Ergebnisobjekte genannt.

Dem Ergebnisbereich können mehrere Kostenrechnungskreise zugeordnet werden.[41]

5.0 Rechnungswesen im System R/3

Das betriebliche Rechnungswesen untergliedert sich in externes und internes Rechnungswesen. Das externe Rechnungswesen umfasst im wesentlichen die Finanzbuchhaltung und gibt einen Überblick über die Vermögens- und Ertragslage des Unternehmens. Dokumentiert wird die Vermögens- und Ertragslage durch die Bilanz und GuV. Es richtet sich vornehmlich an externe Adressaten. Das interne Rechnungswesen umfasst neben der Kostenrechnung auch Betriebsstatistik und Planungsrechnungen. Eine wichtige Aufgabe der Kosten- und Leistungsrechnung ist die Erfassung der Kosten und Leistungen, die bei der betrieblichen Leistungserstellung anfallen, d. h. die Kosten werden mengen- und wertmäßig erfasst und entsprechend dem Verursachungsprinzip verbucht. Hinsichtlich der Art der Verrechnung unterscheidet man, wie bereits oben dargestellt, Einzelkosten (Fertigungsmaterial, Fertigungslöhne) und Gemeinkosten (Mieten, Abschreibungen, Versicherungen usw.).

---

[40] Eigene Erstellung
[41] SAP AG, http://help.sap.com, Glossar, Release 4.6C

5.1 Einblick

Auch im System R/3 wird zwischen internem und externem Rechnungswesen unterschieden. Der R/3 Systemteil Finanzwesen (FI) ist die Zusammenfassung von Komponenten, die inhaltlich dem externen Rechnungswesen zuzuordnen sind. Die zentrale Aufgabe der Hauptbuchhaltung im System R/3, ist die Gesamtdarstellung des externen Rechnungswesens und damit der Konten. Die Aufnahme und Sammlung aller Geschäftsvorfälle in einem betriebswirtschaftlich integrierten Softwaresystem garantiert zu jedem Zeitpunkt, dass die Kontenführung vollständig und abgestimmt ist.

Der R/3 Systemteil Controlling (CO) ist die Zusammenfassung von Komponenten, die inhaltlich dem internen Rechnungswesen zuzuordnen sind. Das interne Rechnungswesen umfasst ein Gemeinkosten-Controlling mit Hilfe von Kostenstellen und (Innen-) Aufträgen sowie der Prozesskostenrechnung. Die Gemeinkosten können auf unterschiedliche Weise verrechnet werden, z.B. über Umlage und Verteilung oder Abrechnung der Gemeinkostenaufträge. Es können nahezu alle Verfahren einer modernen Kostenrechnung abgebildet werden. Darüber hinaus umfasst das interne Rechnungswesen eine auf Branchen- und Fertigungstypen ausgerichtete Kostenträgerrechnung, sowie Verfahren für ein kurz- und mittelfristiges Ergebnis- und Vertriebscontrolling. Aufträge und Projekte des internen Rechnungswesens sind eng mit Bereichen des externen Rechnungswesens verbunden. [42]

5.2 Abgrenzungen

Abgrenzungen werden vorgenommen um unregelmäßig auftretende Ausgaben zu gleichen Beträgen zeitgerecht und verursachungsgerecht auf die in Frage kommende Perioden zu verteilen.

Im Controlling darf eine betriebliche Ausgabe nur mit einem Teilbetrag in die GuV übernommen werden. Fallen Kosten für mehrere Perioden oder für ein ganzes Jahr an, entstehen von Abrechnungsperiode zu Abrechnungsperiode nicht vertretbare Kostenschwankungen, die sich auf die Preise auswirken. Da im CO die Kosten periodengerecht zu buchen sind, wird die Abgrenzung benutzt, um Kostenschwankungen zu vermeiden. [43]

Unterschiede bei der Behandlung von Aufwendungen entstehen dann, wenn die Buchungen in der Finanzbuchhaltung mit ungleichen Perioden oder anderen Mengen bzw. anderem Wertansatz als in der Kostenrechnung erfolgen.

Ein typisches Beispiel für einen Aufwand, der in der Kostenrechnung zeitlich abzugrenzen ist, sind Personalkosten, wie Weihnachtsgeld. Um zeitliche Kostenschwankungen innerhalb der Kostenrechnung zu vermeiden, kann das Weihnachtsgeld auf das ganze Jahr verteilt werden.

5.3 Das Abstimmledger

In einem integrierten Rechnungswesen wie das R/3-Rechnungswesen müssen die Daten des externen und internen Rechnungswesens überschaubar und gegeneinander abstimmbar sein. Wertflüsse innerhalb der Kostenrechnung, die Auswirkungen auf die Bilanz und GuV eines Unternehmens haben, müssen an die Finanzbuchhaltung weitergegeben werden. Diese Daten zu verdichten und weiterzuleiten, ist Aufgabe des Abstimmledgers.

---

[42] R. Möhrlen/ F.Kokot, SAP R/3 Kompendium, München 2000, S. 203 ff.
[43] SAP AG, http://help.sap.com, Glossar vom 2001

Liegen zudem innerbetriebliche Leistungsverrechnungen vor, welche die Grenzen von Buchungskreisen, Geschäftsbereichen oder Funktionsbereichen überschreiten, so nimmt das Abstimmledger die nötigen Verrechnungsbuchungen vor.[44]

6.0 Customizing der Kostenplanung und Kontrolle im CO Modul

6.1. Stammdaten der Kostenrechnung im CO Modul anlegen

In der Kostenstellenrechnung des SAP R/3 Controllings wird zwischen Stammdaten und Bewegungsdaten unterschieden. Bewegungsdaten sind Daten, die im laufenden System permanent, d.h. vorgangsorientiert hinzugefügt oder verändert werden. Sie entstehen beispielsweise aufgrund der Veränderung von Plandaten. Im Gegensatz dazu legen die Stammdaten die Struktur des Systems CO fest. Die Stammdaten unterliegen im laufenden Systembetrieb bzw. in den einzelnen Abrechungsperiode nur geringfügigen Änderungen.

Ein Sachkontenstammsatz enthält Informationen, die das Erfassen und Buchen von Geschäftsvorfällen auf das zugehörige Konto und die Verarbeitung der Buchungsdaten steuern. Die Daten des Stammsatzes sind verteilt auf einen Kontenplanbereich und einen buchungskreisspezifischen Bereich.[45]

Hierarchie der Sachkontenstammdaten

Sachkontenstammsatz	
Kontenplanbereich	buchungskreisspezifischer Bereich
z.B.: - Kontonummer - Bezeichnung - Kontengruppe	z.B.: - Währung - Abstimmkonto für Kontoart - Feldstatusgruppe

Abbildung 6: Hierarchie der Sachkontenstammdaten

Quelle: Klenger/Falk-Kalms, Kostenstellenrechnung mit SAP R/3, Wiesbaden 1999, S. 160

Mit der Teilungsmöglichkeit der Stammdaten, kann man in zentral organisierten Unternehmen erreichen, dass die auf Kontenplanebene vorgegebenen Daten, für alle untergeordneten Buchungskreise gelten und dass aber zusätzlich auch buchungskreisspezifische Daten möglich sind.[46]

6.1.1. Kostenarten anlegen

Die Definition von Kostenarten in der Kostenstellenrechnung steht in engem Zusammenhang mit den Sachkonten der Finanzbuchhaltung, da das Rechnungswesen im SAP-System als Einkreissystem gestaltet ist. Bei einem Einkreissystem werden die primären Kosten- und Erlösarten aus den Aufwands- und Ertragskonten der Gewinn- und Verlustrechnung übernommen. Somit wird kein zweiter Abrechnungskreis für die Kostenrechnung aufgebaut. Für die Pflege der Kostenarten im System R/3 muss deshalb zwischen primären Kosten- und sekundären Kostenarten unterschieden werden.

---

[44] CDI (Hrsg.), SAP R/3 Controlling, München 1996, S. 82

[45] SAP AG, http://help.sap.com, Glossar, April 2001

[46] Klenger/Falk-Kalms, Kostenstellenrechnung mit SAP R/3, 1999, S. 161f.

Bereits beim Funktionsaufruf muss entschieden werden, ob eine primäre oder sekundäre Kostenart angelegt werden soll.[47]

Primäre Kostenarten anlegen

Eine primäre Kostenart kann nur angelegt werden, wenn sie zuvor im Kontenplan als Sachkonto verzeichnet und in der Finanzbuchhaltung als Konto angelegt wurde.

In der Abbildung unten ist die Kostenartengruppe einer Beispiel Firma graphisch dargestellt. Die Beispiele bei der Anlegung der Kostenarten, beziehen sich dann auf diese Kostenartengruppe.

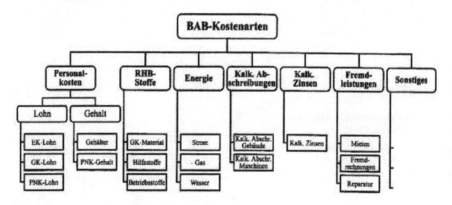

Abbildung 7: Kostenartengruppe Beispiel Firma

Quelle: Klenger/Falk-Kalms, Kostenstellenrechnung mit SAP R/3, Wiesbaden 1999, S. 186

6.1.1.1 Beispiel Customizing primäre Kostenarten anlegen[48]

In den folgenden Abschnitten wird auf *einer* Seite Anzeige und Eingabe bzw. Auswahl gleichzeitig dargestellt, um damit die mühsame Suche nach Abbildungen im Anhang zu sparen.[49]

---

[47] F. Liening, SAP R/3 Controlling, Markt und Technik Buch und Softwareverlag GmbH, München 1996, S.86f.
[48] Klenger/Falk-Kalms, Kostenstellenrechnung mit SAP R/3, Wiesbaden 1999, S. 186 ff.
[49] Es wird diese Art der Darstellung gewählt, weil dadurch gleichzeitig mit dem SAP Menü die zugehörigen Befehle dargestellt werden können.

Abbildung 8: SAP Eingangsmenü

Quelle: SAP AG Release 4.6

SAP-Eingangsmenü:

**Rechnungswesen –
Controlling-
Kostenarten**

Weiter mit:

**Stammdaten –
Kostenarten – Anlegen
primär**

Eingabe bzw. Auswahl:

**Kostenart: 403000
Gültig ab: 01.01.2001
Gültig bis: 31.12.9999**

Hier wird der
**Kostenrechungskreis
BXXX** eingegeben.
(XXX= Nummer des
Buchungskreises)
Nach der Eingabe:
RETURN ↵

Auswahl hinter
Kostenartentyp mit ↓
(Wertehilfe, Dropdownlisten Pfeil)

Die Werteliste zeigt alle
möglichen (SAP-
Standart)
Kostenartentypen für
primäre Kostenarten an.

Kostenartentyp: 1
(=Primärkostenart)

Eingabe sichern.

Abbildung 9: Kostenarten anlegen Grundbild

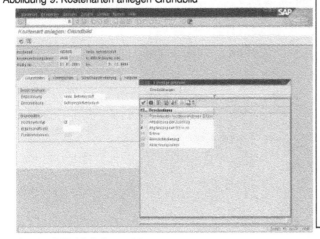

Quelle: SAP AG Release 4.6

6.1.1.2 Beispiel Customizing sekundäre Kostenarten anlegen[50]

Sekundäre Kostenarten werden nur in der Kostenrechnung genutzt und dürfen daher in der Finanzbuchhaltung nicht vorkommen. Beim Anlegen sekundärer Kostenarten prüft das System, ob das Konto von der Finanzbuchhaltung belegt ist. In diesem Fall wird die Anlegefunktion abgewiesen.

Abbildung 10: SAP Menü Kostenart anlegen Einstiegsbild

---

[50] Klenger / Falk-Kalms, Kostenstellenrechnung mit SAP R/3, Wiesbaden 1999, S.196 ff.

Ethem Atilgan

Diplomarbeit zum Thema:
Customizing der Kostenrechnung mit SAP® R/3® für das Controlling

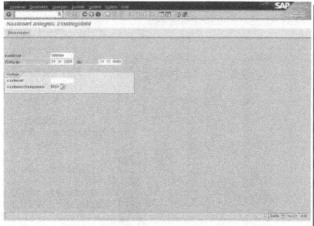

Quelle: SAP AG Release 4.6

Abbildung 11: Bildschirm Kostenarten anlegen sekundär Grundbild

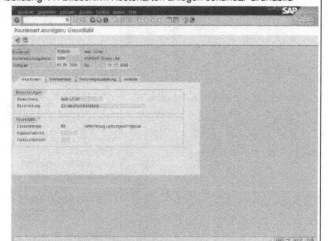

Quelle: SAP AG Release 4.6

Meldung in Statuszeile: Kostenart wurde hinzugefügt.[51]

SAP-Eingangsmenü
Rechnungswesen – **Controlling-** **Kostenarten**
Weiter mit: **Stammdaten –** **Kostenart – Anlegen** **sekundär**
Eingabe bzw. Auswahl: **Kostenart: 500000** **Gültig ab:** **01.01.2001** **Gültig bis:** **31.12.9999**
RETURN ↵
Eingabe bzw. Auswahl:
Bezeichnung: **Indir. LV AV** Kostenartentyp: **43**
(=Kostenart für innerbetriebliche Leistungsverrechnung) Die Eingabe wird gesichert.

Nach der Eingabe der Kostenarten sollten die Kostenarten in der Kostenartenhierarchie zusammengefasst werden. Kostenartenhierarchien können beispielsweise zum Erstellen eines Betriebsabrechnungsbogens verwendet werden oder auch zur Vereinfachung der Kostenstellenplanung oder der Definition von Sender- und Empfängerregeln für die indirekte Leistungsverrechnung. Es wird folgendermaßen vorgegangen:

---

[51] Bei fehlen dieser Meldung liegt ein Fehler beim Anlegen vor.

6.1.1.3 Beispiel Customizing Kostenartengruppe anlegen[52]

Abbildung 12: Bildschirm Kostenartengruppe anlegen Einstiegsbild

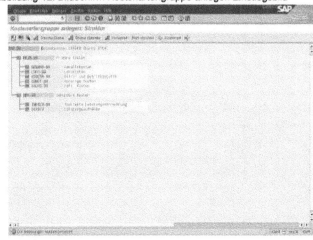

Quelle: SAP AG Release 4.6

Abbildung 13: Bildschirm: Kostenartengruppe anlegen Einstiegsbild

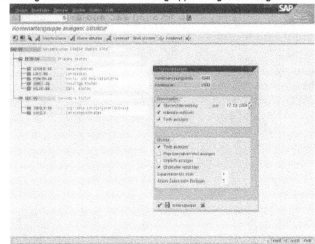

Quelle: SAP AG Release 4.6

Struktur einer Kostenartenhierarchie definieren
Es wird zunächst unter Favoriten einen Link zur Transaktion KHA1 angelegt, danach einen Doppelklick darauf. Als Bezeichnung für die Kostenartengruppe können wir z. B BAB–XX eingeben und bestätigen es mit Return-Taste. Danach wird die neue Gruppe wie in der Abbildung nebenan geordnet.
Anschließend wird über das Menü **Zusätze – Voreinstellungen – Struktur** die Stammdatenprüfung aktiviert.
Es können nun die Endknoten der Hierarchie die angelegten Kostenarten zugeordnet werden. Dazu wird ein Endknoten markiert und anschließend die Schaltfläche Kostenart gedrückt. Wir können jetzt mittels Klick auf den Pfeil neben den

Abbildung 14: Kostenartenhierarchie

---

[52] Franz Klenger/Ellen Falk-Klams, Kostenstellenrechnung mit SAP R/3, Wiesbaden 99, S.195ff.

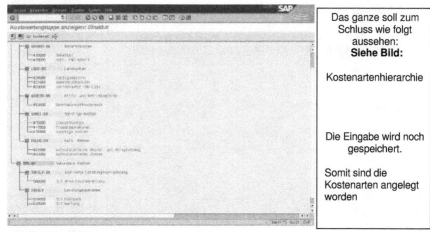

Das ganze soll zum
Schluss wie folgt
aussehen:
Siehe Bild:

Kostenartenhierarchie

Die Eingabe wird noch
gespeichert.

Somit sind die
Kostenarten angelegt
worden

Quelle: SAP AG Release 4.6

6.1.2 Kostenstellen anlegen

Die Kostenstellen dienen zur Erfassung und Weiterverrechnung von Gemeinkosten. Sie stellen die kleinsten Verantwortungsbereiche im Unternehmen dar und werden zum Zweck eines Gemeinkosten- Controlling, zu Steuerungs- und Entscheidungsbereichen zusammengefasst. Dieser Sachverhalt wird auch in der Kostenstellenrechnung des SAP R/3 Controllings abgebildet.

Bevor Kostenstellen angelegt werden können, muss eine hierarchische Kostenstellenstruktur definiert sein. Diese wird als Standardhierarchie bezeichnet und dem Kostenrechnungskreis direkt zugeordnet. Jede Kostenstelle muss beim Anlegen, einem Knoten der untersten Hierarchie-Ebene der Standarthierarchie zugeordnet werden. So werden bei Auswertungen innerhalb der Standardhierarchie, alle Kostenstellen vollständig erfasst.[53]

---

[53] SAP AG, http://help.sap.com, Glossar Release 4.6

6.1.2.1 Beispiel Struktur der Kostenstellenstandardhierarchie definieren[54]

Abbildung 15: SAP Eingangsmenü

Da die Standard-
hierarchie bereits unter
der Zuordnung zum
Kostenrechnungskreis
angelegt wird, besteht
sie aber bisher aus dem
obersten Knoten,
nämlich der Hierarchie
KS_HIERnnn selbst.

Es wird nur umbenannt:

SAP- Eingangsmenü:

**Rechnungswesen –
Controlling –
Kostenstellen**

Quelle: SAP AG Release 4.6

Abbildung 16: Menü Kostenstellenanlegen

Menü Kostenstellen-
rechnung:

**Stammdaten –
Standardhierarchie –
Ändern**

Eingabe:
**KS HIER0001
Kostenstellen 0001**

Quelle: SAP AG Release 4.6

Abbildung 17: Standardhierarchie Ändern

---

[54] Franz Klenger/Ellen Falk-Klams, Kostenstellenrechnung mit SAP R/3, Wiesbaden 99, S. 202 ff.

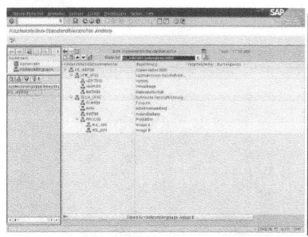

Anschließend kann man über die Menü Bearbeiten – **Gruppe unterordnen bzw. Gleichordnen Knotenstruktur aufbauen.**

Die Eingabe wird noch gesichert:

Quelle: SAP AG Release 4.6

Meldung in Statuszeile: Gruppe geändert / hinzugefügt.[55]

Nachdem die Kostenstellenhierarchie definiert worden ist, können wir die Kostenstellen anlegen.

6.1.2.2 Beispiel Kostenstellen anlegen[56]

Abbildung 18: Bildschirm Kostenstelle anlegen Anforderungsbild

Menü Kostenstellen-rechnung:

Stammdaten – Kostenstelle – Anlegen

Quelle: SAP AG Release 4.6

Abbildung 19: Bildschirm Kostenstellen anlegen Grundbild

---

[55] Bei fehlen dieser Meldung liegt ein Fehler beim Anlegen vor
[56] Franz Klenger/Ellen Falk-Klams, Kostenstellenrechnung mit SAP R/3, Wiesbaden 99, S. 202 ff.

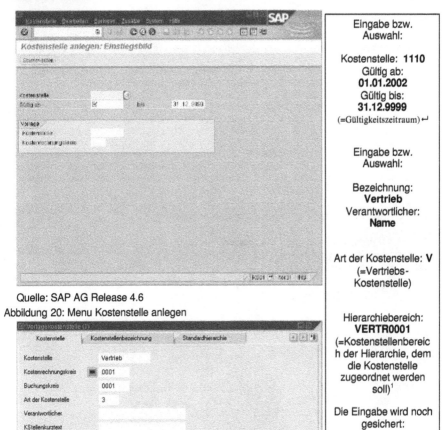

Quelle: SAP AG Release 4.6

Abbildung 20: Menu Kostenstelle anlegen

Quelle: SAP AG Release 4.6

Meldung in der Statuszeile: Kostenstelle wurde hinzugefügt.[57]

Eingabe bzw. Auswahl:

Kostenstelle: **1110**
Gültig ab:
01.01.2002
Gültig bis:
31.12.9999
(=Gültigkeitszeitraum) ↵

Eingabe bzw. Auswahl:

Bezeichnung:
Vertrieb
Verantwortlicher:
Name

Art der Kostenstelle: **V**
(=Vertriebs-Kostenstelle)

Hierarchiebereich:
VERTR0001
(=Kostenstellenbereich der Hierarchie, dem die Kostenstelle zugeordnet werden soll)[1]

Die Eingabe wird noch gesichert:

Somit können weitere Kostenstellen angelegt werden.

---

[57] Bei fehlen dieser Meldung liegt ein Fehler beim Anlegen vor

6.1.3 Leistungsarten anlegen

Im SAP R/3-Modul Controlling werden, die aus dem betriebswirtschaftlichen Sprachgebrauch bekannten Bezugsgrößen, als Leistungsarten bezeichnet. Die Leistungsarten zeigen, die auf einer Kostenstelle erbrachte Leistung auf und werden in Mengen- oder Zeiteinheiten gemessen (z.B. Fertigungsstunden). In der Kostenstellenrechnung werden die Leistungsarten zur Sollkostenermittlung und zur innerbetrieblichen Leistungsverrechnung benötigt. Im Bezug auf die innerbetriebliche Leistungsverrechnung, bilden die Leistungsarten die Grundlage für die Ermittlung der Verrechnungstarife. Die Gesamtkosten der Kostenstelle werden durch die geplante Leistung der Leistungsarten dividiert und ein Planpreis (Tarif) pro Leistungsart ermittelt, der bei der innerbetrieblichen Leistungsverrechnung herangezogen wird.

Das Anlegen des Leistungsartenstamm-Anforderungsbildes, erfolgt analog zum vorher genannten Anlegen eines Kostenartenstamm-Anforderungsbildes, d.h. es wird die Leistungsart (Schlüssel) und das Gültigkeitsintervall festgelegt. Im Leistungsartenstamm-Grundbild werden folgende Angaben zur Leistungsart gemacht:[58]

6.1.3.1 Beispiel Customizing Leistungsarten anlegen[59]

Abbildung 21: Bildschirm Leistungsarten anlegen Anforderungsbild

	Menü Kostenstellenrechnung:
	Stammdaten – Leistungsart – Einzelbearbeitung - Anlegen

Quelle: SAP AG Release 4.6

---

[58] Klenger / Falk-Kalms, Kostenstellenrechnung mit SAP R/3, Wiesbaden 1999, S.204ff.
[59] Klenger / Falk-Kalms, Kostenstellenrechnung mit SAP R/3, Wiesbaden 1999, S.204ff

Abbildung 22: Bildschirm Leistungsarten anlegen Einstiegsbild

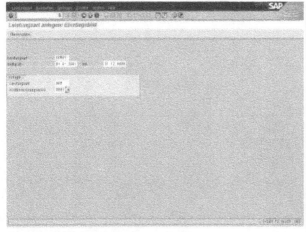

Quelle: SAP AG Release 4.6

Abbildung 23: Bildschirm Leistungsarten anlegen Anforderungsbild

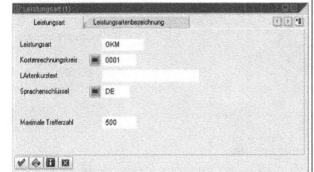

Quelle: SAP AG Release 4.6

| Eingabe bzw. Auswahl: |
| Leistungsart:
GKM
Gültig ab:
01.01.2001

Gültig bis:
31.12.9999
↵ |
| Eingabe bzw. Auswahl:

Bezeichnung:
gefahrene Kilometer |
| Kostenart:
510000
(=Verrechnungskostenart, hier: ILV Fuhrpark)

Die Eingabe muss noch gesichert werden:

Die weiteren Leistungsarten können genauso angelegt werden. |

6.1.3.2 Beispiel Customizing Leistungsartengruppe anlegen

Die Leistungsarten der Kostenstelle, können zur Erleichterung der Leistungsartenplanung, zu einer Leistungsartengruppe zusammengefasst werden. Dazu nehmen wir in unserem Beispiel, die Leistungsarten Reparaturstunden und Wartungsstunden der Kostenstelle Instandhaltung. Die eingegebenen Leistungsarten werden zu einer Leistungsartengruppe zusammengefasst.[60]

---

[60] Klenger / Falk-Kalms, Kostenstellenrechnung mit SAP R/3, Wiesbaden 1999, S.204ff.

29

Abbildung 24: Bildschirm Leistungsartengruppe anlegen Einstiegsbild

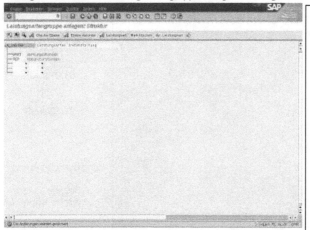

Menü Kostenstellenrechnung:

Stammdaten –
Leistungsartengruppe –
Anlegen

Eingabe bzw. Auswahl:

Leistungsartengruppe:
LA_INST0001
↵
Eingabe:
**Leistungsarten
Instandhaltung**

Klick auf **[werte
pflegen....]**

Quelle: SAP AG Release 4.6

Eingabe von:

REP
Reparaturstunden
WART

Meldung in Statuszeile: Gruppe geändert/hinzugefügt.[61]

Wartungsstunden
↵
Die weiteren
Leistungsarten genauso
angegeben.

Die Eingabe muss noch
gesichert werden:

6.1.4. Statistische Kennzahlen anlegen

Statistische Kenzahlen werden genutzt, um interne Verrechnungen, wie z.B. die Verteilung oder Umlage, im Rahmen der innerbetrieblichen Leistungsverrechnung durchzuführen. Sie können weiterhin zur Bildung von Kennzahlen auf Kostenstellen oder Aufträgen verwendet werden. Eine statistische Kennzahl ist z.B. die Mitarbeiterzahl. Diese Angabe ist für die Arbeitskräfteplanung und -abrechnung sinnvoll, aber auch für die Berechnung der Verteilung bzw. Umlage solcher Gemeinkosten, die sich proportional zur Mitarbeiterzahl verhalten. Weitere statistische Kennzahlen können, beispielsweise die Quadratmeterfläche oder die Anzahl der Telefoneinheiten einer Kostenstelle sein, um diese für die Verteilung oder Umlage der Kosten heranzuziehen. Im Anforderungsbild für den statistischen Kennzahlenstamm wird im Feld >Statistische Kennzahl< ein Schlüssel für die Bezeichnung der statistischen Kennzahl definiert, mit dessen Hilfe die jeweilige Kennzahl eindeutig identifiziert werden kann.

[61] Bei fehlen dieser Meldung liegt ein Fehler beim Anlegen vor

Im Grundbild für den statistischen Kennzahlenstamm sind folgende Eingaben erforderlich:

• Bezeichnung: Bezeichnung der statistischen Kennzahl
• Einheit der statistischen Kennzahl: Mengen- oder Zeiteinheit , in der die Mengen der statistischen Kennzahl gebucht werden.
• Kennzahlentyp: Dieser legt fest, ob die Werte als Festwert oder Summenwert behandelt werden. Die Kennzahlenwerte vom Typ Festwert (=Typ 1) sind ab dem Eingabemonat für alle folgende Monate des Geschäftsjahrs gleich und werden automatisch vom System vorgetragen. Werte des Kennzahlentyps Summenwert (= Typ 2) werden dagegen nicht auf die Folgemonate vorgetragen. [62]

6.2 Kostenstellenplanung im CO Modul

Eine Kostenplanung, ist Teil der Gesamtunternehmensplanung und die Voraussetzung für eine Plankostenrechnung. Aufgabe der Kostenstellenplanung ist es, Plankosten und Planleistungen für bestimmte Zeiträume zu bestimmen, die mit den zukünftigen, tatsächlichen Kosten (Istkosten) und Leistungen verglichen werden können. In der Regel ergeben sich bei einem solchen Vergleich Abweichungen, die als Grundlage für korrigierende Eingriffe in die Abläufe im Unternehmen dienen.

Zusätzlich kann die Planung der Kosten und der Leistungsmengen durch die Kostenstellenplanung, zur Ermittlung von Verrechnungspreisen (Tarifen) herangezogen werden. Mit diesem Planpreis, können die innerbetrieblichen Leistungen, während der laufenden Periode bewertet werden, also schon bevor die Istkosten bekannt sind. [63]

Ablauf und Inhalt einer Kostenstellenplanung sind immer unternehmensindividuell gestaltet. In erster Linie hängt die Kostenstellenplanung von dem gewählten Kostenrechnungssystem ab. Die organisatorische Struktur im Unternehmen hat ebenfalls Einfluss auf die Gestaltung der Kostenstellenplanung. Aus diesem Grund stellt die folgende Darstellung einer Kostenstellenplanung, nur eine Alternative dar. Die Darstellung orientiert sich, an die von der SAP AG mitgelieferten Standard-Planerprofile SAP101 und SAP102. [64]

Im R/3-Controlling, kann mit Hilfe von Planerprofilen der Ablauf der Kostenstellenplanung gesteuert werden. Sie können frei definiert und den Bedürfnissen des Controllings eines Unternehmens angepasst werden. In den Planerprofilen wird definiert, welche Daten im einzelnen überhaupt zu Planen sind. Selbst der konkrete Aufbau der einzelnen Planungsbildschirme (Sichten), kann frei definiert werden.

Mit den SAP-Standard-Planerprofilen SAP101 und SAP102 stellt sich die Kostenplanung in folgender Form dar:

• Planung statistischer Kennzahlen

• Leistungsartenplanung

• Primärkostenplanung

• Sekundärkostenplanung/Leistungsaufnahmeplanung

• Plantarifermittlung

Die dargestellte Reihenfolge sollte bei der Planung eingehalten werden, da die geplanten Werte der Vorstufe Voraussetzung für die folgende Planungsstufe sind. [65]

---

[62] CDI (Hrsg.), SAP R/3 Controlling, München 96, S. 100ff.
[63] Ebenda, S. 105 ff.
[64] SAP AG, http://help.sap.com, Glossar, Release 4.6
[65] SAP AG, http://help.sap.com, Glossar, Release 4.6

6.2.1 Planung statistischer Kennzahlen

Als erster Planungsschritt sollten die statistischen Kennzahlen geplant werden, da sie zur Ermittlung von Planleistung und Plankapazität einer Kostenstelle (z.B. Anzahl der Mitarbeiter) genutzt werden können. Des weiteren werden die statistischen Kennzahlen zur Durchführung von (Plan-)Umlagen und (Plan-)Verteilungen, sowie zur Kennzahlenermittlung im Berichtswesen benötigt. Mit dieser Planung können folgende Ziele erreicht werden:[66]

- Bestimmung von Kennzahlen zu Kostenstellen (z.B. Kosten pro m² Raum oder pro

  Mitarbeiter).
- Festlegen von Empfängerbasiswerten für Umlage und Verteilung (z.B. Verteilung der

  Telefonkosten auf Basis der Telefonanschlüsse).

Abbildung 25: Statistische Kennzahlenplanung (Übersichtsbild)

Quelle: SAP-R/3-System   © SAP AG

Im Kopf des Übersichtsbildes sind die Planversion, der Planungszeitraum, sowie die ausgewählte Kostenstelle wiedergegeben.

Inhalte der Spalten:

Skennz: Schlüssel der statistischen Kennzahl und ihre genaue Beschreibung

T: Kennzeichen des Kennzahlentyps.

Lfd. Planwert: Planwert für die statistische Kennzahl für den gesamten Planungszeitraum.

Max. Planwert: Maximale Ausprägung die der Planwert im gesamten Planungszeitraum annehmen darf.

---

[66] CDI (Htsg.), SAP R/3 Controlling, München 1996. S. 116 f.

32

VS: Kennzeichen für den Verteilungsschlüssel. Der Verteilungsschlüssel bestimmt, wie der Planwert auf die einzelnen Perioden verteilt werden soll (z. B.: 0 = manuelle Eingabe, 1 = gleichmäßige Verteilung auf die Perioden).

EH: Maßeinheit der statistischen Kennzahl.

Weiterhin lassen sich Mittels der Drucktaste Periodenbild, die Planwerte für die einzelnen Planungsperioden anzeigen bzw. ändern. Das Periodenbild, ist eine Standardsicht und in allen Planungen verfügbar. Es wird in der folgenden Abbildung, exemplarisch für die statistische Kennzahlenplanung dargestellt:

Abbildung 26: Statistische Kennzahlenplanung (Periodenbild)

Quelle: SAP-R/3-System   © SAP AG

Im Kopf des Periodenbildes sind ebenfalls, Planversion, der Planungszeitraum und die ausgewählte Kostenstelle wiedergegeben. Zudem wird die ausgewählte Kennzahl angezeigt.

6.2.2 Planung von Leistungsarten

Mit Hilfe der Planung der Leistungsarten, lässt sich der mengenmäßige Output einer Kostenstelle planen. Die Leistung einer Fertigungskostenstelle, kann beispielsweise durch die Leistungsart Maschinenstunden, beschrieben werden.

Die Leistungsartenplanung ist Voraussetzung für die Primär- und Sekundärkostenplanung, da die Kosten einer Kostenstelle auf die Leistung bezogen werden und daraus Verrechnungstarife für die innerbetriebliche Leistungsverrechnung ermittelt werden.[67]

---

[67] SAP AG, Onlinedokumentation, http://help.sap.com, Kostenplanung, v 3.1g.

Abbildung 27: Leistungsartenplanung (Übersichtsbild)

Quelle: SAP-R/3-System v 3.1g   © SAP AG

Auch hier sind im Kopf des Übersichtsbildes Planversion, Planungszeitraum und die ausgewählte Kostenstelle angegeben.

Inhalt der Spalten:

LstArt: Schlüssel der Leistungsart, die beplant werden soll.

Planleistung: Menge der Leistungseinheiten für den gesamten Planungszeitraum.

Kapazität: Kapazität der Kostenstelle bezüglich der ausgewählten Leistungsart.

VS: Kennzeichen des Verteilungsschlüssels.

EH: Maßeinheit der Leistungsart.

Tarif fix: Fixer Anteil am Plantarif für die Leistungsart.

Tarif var: Variabler Anteil am Plantarif für die Leistungsart.

TarEH: Menge von Leistungseinheiten, auf die sich der Tarif bezieht.

PTK: Plantarifkennzeichen. Es legt die Berechnungsbasis für die iterative Tarifermittlung (automatische Tarifermittelung) fest .

D: Kennzeichen für den Durchschnittstarif für das gesamte Geschäftsjahr.

Vkostenart: Vorschlagswert für eine sekundäre Kostenart für die innerbetriebliche Leistungsverrechnung.

In der Abbildung nicht sichtbar, aber über die Bildlaufleisten zu erreichen:

T: Kennzeichen des Leistungsartentyps.

Ä-Ziffer: Äquivalenzziffer. Mit ihr wird bei der Tarifermittlung, die Verteilung der leistungsunabhängig geplanten Kosten auf die Leistungsarten gesteuert.

Disp.Lstg: Disponierte Leistung. Sie gibt an, wie viele Einheiten der jeweiligen Leistungsart, im Rahmen der innerbetrieblichen Leistungsverrechnung, an andere Kostenstellen verrechnet werden.

6.2.3 Planung der Primärkosten

Bei der Primärkostenplanung, können die primären Kosten pro Kostenstelle und Kostenart geplant werden.[68]

Abbildung 28: Primärkostenplanung (Übersichtsbild)

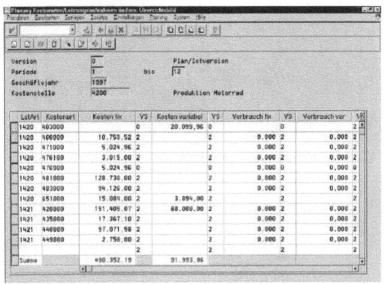

Quelle: SAP-R/3-System v 3.1g   © SAP AG

Im Kopf des Übersichtsbildes: Planversion, Planungszeitraum, ausgewählte Kostenstelle.

Inhalt der Spalten:

LstArt: Schlüssel der Leistungsart, die beplant werden soll.

Kostenart: Schlüssel der Kostenart, die beplant werden soll.

Kosten fix: Fixe Kostenbestandteile der Kostenart für den gesamten Planungszeitraum.

Verbrauch fix: Leistungsunabhängiger Teil der Verbrauchsmengen.

Verbrauch variabel: Leistungsabhängiger Teil der Verbrauchsmengen.

In der Abbildung nicht sichtbar, aber über die Bildlaufleisten zu erreichen:

M: Kennzeichen, ob Verbrauchsmengen geplant werden können.

EH: Einheit der Verbrauchsmenge.

---

[68] SAP AG, http://help.sap.com, Kostenplanung R 4.6

Ethem Atilgan

Diplomarbeit zum Thema:
Customizing der Kostenrechnung mit SAP® R/3® für das Controlling

6.2.4 Planung der Sekundärkosten

Sekundäre Kosten entstehen, wenn eine Kostenstelle zur Leistungserstellung wiederum Leistungen von einer anderen Kostenstelle bezieht.

Um die Struktur der innerbetrieblichen Leistungsbeziehungen im R/3-Controlling abzubilden, werden mengenmäßige Leistungsaufnahmen, der einzelnen Kostenstellen mit Hilfe von Sender- und Empfängerbeziehungen geplant.[69]

Abbildung 29: Sekundärkostenplanung (Übersichtsbild)

Quelle: SAP-R/3-System v 3.1g   © SAP AG

Im Kopf des Übersichtsbildes: Planversion, Planungszeitraum, ausgewählte Kostenstelle.

Inhalt der Spalten:

E-Lart: Schlüssel der Leistungsart der Empfängerkostenstelle.

Send.Kost: Schlüssel der Senderkostenstelle.

S-Art: Schlüssel der Senderleistungsart.

Verbrauch fix: Fixer Anteil am Verbrauch der Senderleistungsarten-Einheiten.

Verbrauch var: Variabler Anteil am Verbrauch der Senderleistungsarten-Einheiten.

VS: Kennzeichen des Verteilungsschlüssels.

EH: Einheit der Leistungsart.

Belastung fix: Summe der fixen Sekundärkosten, mit denen die Empfängerkostenstelle belastet wird.

In der Abbildung nicht sichtbar, aber über die Bildlaufleisten zu erreichen:

---

[69] SAP AG, http://help.sap.com, Kostenplanung, R 4.6

36

Belastung var: Summe der variablen Sekundärkosten, mit denen die Empfängerkostenstelle belastet wird.

Vkostenart: Kostenart, unter der die Belastung der empfangenden und die Entlastung der sendenden Kostenstelle erfolgt.

6.2.5 Plantarifermittlung

Im Rahmen der Plantarifermittlung, werden die Verrechnungspreise für die geplanten Leistungsarten ermittelt. Die Ermittlung der Plantarife, erfolgt je Kostenstelle und Leistungsart. Dabei werden mehrere Iterationsläufe (Annäherungsverfahren) pro Kostenstelle vom R/3-System durchgeführt. Die so ermittelten Tarife, werden anschließend zur Bewertung der im Rahmen der Sekundärkostenplanung definierten Leistungsbeziehungen herangezogen.[70]

Das Ergebnis einer Plantarifermittlung, unter Berücksichtigung aller Kostenstellen des Kostenrechnungskreises, gibt die Abbildung auf der folgenden Seite wieder:

Abbildung 30: Plantarifermittlung (Grundbild)

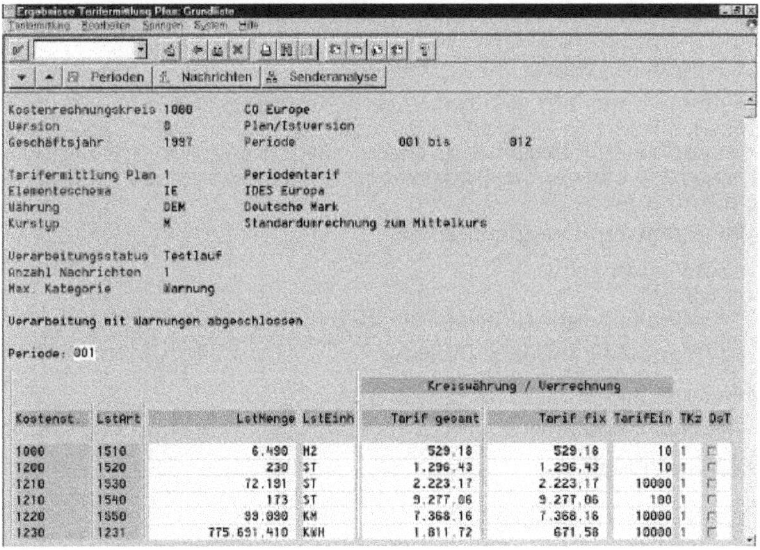

Quelle: SAP-R/3-System v 3.1g   © SAP AG

Die Plantarife werden jeweils für einzelne Perioden dargestellt, die sich mit Hilfe der Drucktaste Perioden weiter schalten lassen. Durch die Verwendung der Bildlaufleisten, lassen sich die Tarife der einzelnen Kostenstellen erreichen. Die Plantarife für die oben beplante Kostenstelle, sind in der folgenden Abbildung dargestellt:

---

[70] SAP AG, http://help.sap.com, Kostenstellenplanung, R 4.6

37

Abbildung 31: Plantarifermittlung (Tarife der Kostenstelle 4200)

Kostenst.	LstArt	LstMenge	LstEinh	Tarif gesamt	Tarif fix	TarifEin	TKz
4200	1420	600	H	7.596,62	6.746,93	100	1
4200	1421	660	H	5.169,71	4.220,55	100	1
4200	1422	100	H	6.211,26	6.211,26	100	1

Periode: 001 — Kreiswährung / Verrechnung

Quelle: SAP-R/3-System v 3.1g   © SAP AG

6.3 Istkostenerfassung in CO-OM

Die Istkostenerfassung und -verrechnung erfolgt mit dem Ziel, ein zeitnahes Verfolgen und Überwachen der tatsächlich im Unternehmen angefallenen Kosten zu gewährleisten[71]. Die Erfassung der Istkosten und Ihr Vergleich mit den Plankosten ermöglichen die Durchführung einer Abweichungsanalyse, die wiederum Grundlage für Controllingmaßnahmen bilden.

Dieser Vorgang ist im SAP System in folgende Bereiche strukturiert:

Istkostenerfassung, Istkostenverrechnung, Abweichungsermittlung und Isttarifermittlung.

6.3.1. Istkostenerfassung

Die Integrität des SAP R/3 Systems durch modulübergreifenden Datenaustausch und Wertefluss kommt der Ergebnisrechnung zugute. Die primären Kosten werden nämlich direkt aus den anderen Modulen des externen Rechnungswesens übernommen und auf Kostenstellen gebucht. Die Ergebnisrelevanten Daten können aus folgenden Modulen übernommen werden:[72]

- FI: Finanzwesen, Finanzbuchhaltung

• Lieferantenrechnungen
• Gutschriften
• Sachkontenbuchungen auf Kostenarten, wie Löhne und Gehälter

- FI: Finanzwesen, Anlagenbuchhaltung

• Abschreibungen

- MM: Materialwirtschaft

• Warenentnahmen

6.3.2. Istkostenverrechnung

Die aus dem unterschiedlichen Modulen erfassten primären Kosten, werden im Rahmen der internen Verrechnung verursachungsgerecht weiterverrechnet. Hierbei werden zwei Verrechnungsarten unterschieden:

Vorgangsbezogene Verrechnungen:

Die Istkosten werden pro Geschäftsvorgang aus den bewerteten Leistungen ermittelt die Zu der vorgangsbezogenen Verrechnung, gehören die internen Umbuchungen und direkte innerbetriebliche Leistungsverrechnung.

Periodische Verrechnungen:

---

[71] CDI (HRG.), SAP R/3 Controlling, Wiesbaden 96, S.161
[72] Paul Wenzel, Rechnungswesen mit SAP R/3, Wiesbaden 2001, S.216ff.

Die periodischen Verrechnungen werden in der Regel nach Periodenende durchgeführt, d.h. sie werden durchgeführt, wenn alle primären Buchungen der entsprechenden Periode abgeschlossen sind. Dazu gehören periodische Umbuchungen, periodische Abgrenzung, indirekte Leistungsverrechnung und Umlage.

6.3.3. Isttarifermittlung

Im Rahmen der Isttarifermittlung errechnet das SAP-R/3-System, iterativ Tarife für Leistungsarten bzw. Geschäftsprozesse auf der Basis der Istkosten und Istleistungen. Dabei werden alle Leistungsbeziehungen zwischen Kostenstellen bzw. Geschäftsprozessen berücksichtigt.

Die Tarifermittlung, die im Rahmen der Planung durchgeführt werden kann, basiert auf den geplanten Kosten und Leistungen. Diese Tarife, werden zunächst auch zur Bewertung der Istleistungen verwendet. [73]

Dieses Verfahren ist notwendig, weil es sich bei der Isttarifermittlung um einen Periodenabschluss handelt. Dies bedeutet, zum Zeitpunkt der Buchung der Istleistungen stehen die iterativ ermittelten Isttarife [74] noch nicht zur Verfügung. Diese Werte können durch die Isttarifermittlung nachträglich ermittelt werden. Im Anschluss an die Isttarifermittlung gibt es die Möglichkeit, die mit den Plantarifen bewerteten Leistungsbeziehungen, nun mit Isttarifen einer Nachbewertung zu unterziehen. Durch die Nachbewertung der Istleistungen zu Isttarifen wird erreicht, dass die jeweilige sendende Kostenstelle bzw. der sendende Geschäftsprozess vollständig entlastet wird.

6.3.4. Abweichungsermittlung

Die Abweichungsermittlung ermöglicht eine Analyse der im CO-OM System situations-bedingt auftretenden Differenzen (Saldo) zwischen Sollkosten und verrechneten Istkosten, sowie Sollkosten und den auf die Leistungsarten verteilten Istkosten.

Grundlage einer Abweichungsermittlung, ist die abgestimmte Planung der innerbetrieblichen Leistungen der Kostenstellen bzw. der Geschäftsprozesse und der dafür anfallenden Kosten. Abweichungen, sind die Differenzen zwischen Istkosten und Plan- bzw. Sollkosten. Sie werden für eine Kostenstelle, für eine Leistungsart einer Kostenstelle bzw. für einen Geschäftsprozess getrennt, in einem fixen und einem variablen Anteil ausgewiesen. Falls möglich, geschieht dies kostenartengerecht.

Bei der Abweichungsermittlung unterscheidet man zwischen Kostenstellen, die Leistungsarten führen und Kostenstellen, die keine Leistungsarten führen. Die Istkosten werden immer leistungsunabhängig gebucht. Um den Leistungsbezug herzustellen, müssen daher bei Kostenstellen mit Leistungsarten, die Istkosten und die leistungsunabhängigen Plan- bzw. Sollkosten auf die Leistungsarten gesplittet werden. Dadurch können die Gründe für die Abweichungen bei einer bestimmten Leistung einer Kostenstelle leistungsartenspezifisch analysiert werden. Der detaillierten, auf Leistungsartenebene durchgeführten Planung stehen die entsprechenden Istkosten gegenüber.

Um die Plankosten mit den Istkosten vergleichen zu können, muss berücksichtigt werden, wie viel Leistung von der Kostenstelle bzw. vom Geschäftsprozess im Vergleich zur Planung tatsächlich erbracht wurde. Die Abweichungsermittlung wird daher auf Basis der Sollkosten durchgeführt.

Die bei der Abweichungsermittlung festgestellten Abweichungen, werden in der Kostenstellenrechnung nach bestimmten Abweichungskategorien differenziert ausgewiesen.

---

[73] SAP AG, http://help.sap.com, siehe „Isttarifermittlung", Online Dokumentation 2002
[74] Ebenda

Die Ermittlung der einzelnen Abweichungskategorien erfolgt kumulativ. Daraus folgt, das die Summe der einzelnen Kategorien den Gesamtsaldo der Kostenstelle ergibt.

7.0 Berichtwesen Soll – Ist Vergleich

Zur Analyse der in einem Unternehmen stattfindenden Kosten- und Mengenflüsse, bietet das SAP-R/3-System ein interaktives, als auch ein periodisches Infosystem im Modul CO an. Durch die interaktive Auslegung des Berichtswesens ist es möglich, sämtliche Kosten direkt, nach deren Erfassung im System zu analysieren und ihre Entstehung bis auf die Belegebene zu verfolgen. Alle online verfügbaren Berichte, können auch im Hintergrund ausgeführt werden, was insbesondere bei sehr umfangreichen Datenbeständen sinnvoll ist. Ein Bericht auf der Kostenstellengruppenebene kann so, beispielsweise bis auf die Ebene der Einzelkosten detailliert werden. Es können neben einer von Standardberichten, die mit dem SAP System ausgeliefert werden, anwenderindividuelle Berichte mit folgenden Werkzeugen erstellt werden:

- Report Painter

- Report Writer

- ABAB/4-Programmierung

Für die Auswahl der Berichte, steht der Berichtsbaum zur Verfügung. Mit Hilfe dieser Werkzeuge wird es möglich, spezielle Datenbankzugriffe für das Berichtwesen zu erzeugen, um somit unternehmensspezifische Berichte zu erstellen.

Mit dem periodischen Infosystem können Berichte zu vordefinierten Zeitpunkten, innerhalb von Hintergrundjobs gestartet werden. [75]

8.0 Zusammenfassung – Fazit

Die SAP R/3-Software ist mit Sicherheit, mit all seinen Möglichkeiten, ein sehr effizientes und modernes Werkzeug, um ein Unternehmen zu steuern. Ferner ist das Modul CO, aufgrund seines Funktionsumfanges, ein leistungsstarkes Controllinginstrument. Dabei ist es möglich, das Modul CO im Rahmen der Customizing, individuell an die Belange und Strukturen des Unternehmens anzupassen. Diese Möglichkeit impliziert, die Frage nach dem auszuwählenden Kostenrechnungssystem ebenso, wie die Frage nach der Position des Controllings, innerhalb des Unternehmens. Dadurch können mit dem Modul CO, alle gängigen Kostenrechnungsverfahren abgebildet werden. Das Controlling muss sich also nicht einer, von der SAP AG vorgegebenen, standardisierten Sicht des Controllings anpassen. Das System stellt alle Funktionen bereit, um die Kosten nach den verschiedenen Kostenrechnungsverfahren zu planen und zu verrechnen. Durch den Einsatz der R/3 Komponenten CO, kann der Benutzer durch die Art seiner Planung und durch die Wahl der Funktionen entscheiden, welches Verfahren er in den einzelnen Bereichen des Unternehmens einsetzt. Ein weiterer Vorteil des Moduls, ist die einheitliche grafische Benutzeroberfläche, die es mit den anderen R/3 Modulen gemein hat. Es ist auch möglich die systemexternen Anwendungen, wie MS Word oder MS Excel, bei Bedarf einzubinden. Ferner, können auch die vorgefertigten Lösungen und Berichte als Vorteil angesehen werden. Sie führen oftmals, zu einer Zufuhr von betriebswirtschaftlichem Know-how in die Unternehmung. Der größte Vorteil des CO Moduls und gleichzeitig der größte Unterschied zu anderen Managementinformationssystemen, stellt eigentlich die Integration des Moduls in das R/3 System dar. Durch die Verknüpfung und die teilweise automatischen Operationen, wie z.B. das Mitbuchen spezieller Controllingdaten, wird der Aufwand bei der Erfassung und

---

[75] Franz Klenger & Ellen Falk-Kalms, Kostenstellenrechnung mit SAP R/3, 2. Auflage Wiesbaden 99, S.329f.

Planung von Daten minimiert. Ferner, ermöglicht die Integration ein zeitgleiches Erfassen der Daten, mit dem bei Bedarf eine schnellere Reaktion, Seitens der Unternehmensleitung erfolgen kann.

Eine der Nachteile ist aber der hohe Aufwand, der für die Integration während der Customizing Phase betrieben werden muss. Ein weiterer Nachteil, ist die unterschiedliche Definition und Verwendung von betriebswirtschaftlichen Begriffen, die einen Einstieg in das R/3 Controlling erschweren. Der größte Nachteil ist sicherlich der hohe Aufwand und der damit verbundene Bedarf, eines sehr gut und intensiv geschulten Personals, welches auch versteht die Möglichkeiten des Systems, in ihrer täglichen Arbeit auszuschöpfen. Ansonsten wird die Anschaffung einer solchen umfassenden Software für das Unternehmen schnell unrentabel, da neben den Anschaffungs- und Implementierungskosten auch laufende Kosten entstehen, sowie gegebenenfalls auch noch die Hardware gekauft werden muss. Speziell mittelständische Unternehmen müssen prüfen, ob der hohe Aufwand gerechtfertigt ist, da andere Systeme nicht nur schneller eingeführt, sondern oftmals auch intuitiver zu bedienen sind, was die Schulungskosten für die Mitarbeiter verringert.[76] Definitiv kann also gesagt werden, dass das Modul CO ein machtvolles Instrument für die Unternehmensleitung zur Unterstützung des Controllings darstellen kann, wenn jedoch vorher überprüft wird, ob sich die Investition für das Unternehmen rentiert.

---

[76] Aus eigener Erfahrung hat der Autor in seiner Firma in der er als IT- Support angestellt ist festgestellt, das bei der dortigen Einführung der Software von „Navis ion Attain" nur zwei Tage Einarbeitungszeit für die gesamte Belegschaft benötigt wurden. Ein weiterer Tag wurde für die spezielle Schulung für die Bereiche wie z.B. Projektmanagement, Vertrieb und Buchhaltung verwendet.

Literaturverzeichnis

Olfert, K.	[Kostenrechnung, 1994]
	Kostenrechnung, 9. Aufl., Friedrich Kiehl, Ludwigshafen 1994
CDI (Hrsg.)	[R/3-Controlling, 1996]
	SAP R/3 Controlling: Grundlagen, Anwendungen, Fallbeispiele, Markt & Technik, Haar bei München 1996
SAP AG (Hrsg.)	[Gemeinkosten-Controlling, 1996]
	System R/3, Gemeinkosten-Controlling, Walldorf 1996
Lebefromm, U.	[Controlling, 1997]
	Controlling: Einführung mit Beispielen aus SAP R/3, Oldenbourg, München 1997
SAP AG (Hrsg.)	[Ergebnis-Controlling]
	System R/3, Ergebnis-und Vertriebscontrolling, Walldorf 1996
SAP AG (Hrsg.)	[Produktkosten-Controlling, 1996]
	System R/3, Produktkostencontrolling, Walldorf 1996
SAP AG (Hrsg.)	Onlinedokumentation, Glossar, http://help.sap.com ,
Haberstock, Lothar	Kostenrechnung 1
	Einführung in die Kostenrechnung
	Erich Schmidt Verlag, Berlin 1998
SAP AG (Hrsg.)	SAP – Prozesse: Finanzwesen und Controlling, Walldorf 1999
Franz Klenger Ellen Falk-Klams	Kostenstellenrechnung mit SAP R/3 2. Auflage, Vieweg Verlagshandelsgesellschaft mbH, Wiesbaden 1999
Paul Wenzel	Rechnungswesen mit SAP R/3, Friedrich Vieweg & Sohn Verlagsgesellschaft mbH, Wiesbaden 2001
DUDEN Band 5	Das Fremdwörterbuch, Meyers Lexikonverlag, Mannheim 1990

Glossar

Eliminierung	Beseitigung, Entfernung, Fortschaffung, Wegschaffung, Ausräumung, Forträumung, Wegräumung, Fortbringung
Fakturierung	Berechnen, Waren berechnen
Implementierung	Die Realisierung eines Entwurfs oder Konzepts durch ein lauffähiges Programm (EDV)
Implizieren	Einbeziehen, gleichzeitig beinhalten, bedeuten; mit enthalten
Individuell	Auf die einzelnen Bedürfnisse zugeschnitten
Instrumentarium	Gesamtheit der zur Verfügung stehenden Instrumente
Integrieren	In ein übergeordnetes Ganzes aufnehmen, zu einem Ganzen gehörend
Interaktion	Wechselbeziehung, bes. die Kommunikation zw. Individuen innerhalb einer Gruppe.
Istmengen	Sollwert
Iterationsläufe	Annäherungsverfahren
Iterativ	Wiederholend
Kontierungseinheiten	Die Benennung eines Kontos
Modul	*Datenverarbeitung:* ein in sich abgeschlossenes Unterprogramm, das eine Teilfunktion des Hauptprogramms erfüllt
Process Reengineering	Analyse der Ablauforganisation und der Aufbauorganisation eines Unternehmens im Hinblick auf seine Orientierung an Geschäftsprozessen
Realtime	Betriebsart einer elektronischen Rechenanlage, bei der eine Verarbeitung von Daten sofort u. unmittelbar erfolgt (EDV)
Segmentierung	Gliederung in Abschnitte

www.ingramcontent.com/pod-product-compliance
Lightning Source LLC
La Vergne TN
LVHW042300060326
832902LV00009B/1165